AF340556

F 27 11
2.1865

# LETTRES INÉDITES DE DUMOURIEZ

## ÉCRITES DU CHATEAU DE CAEN,

### APRÈS SA SORTIE DE LA BASTILLE EN 1774.

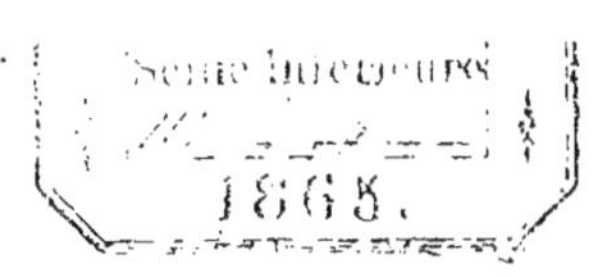

Quoique le général Dumouriez ait laissé des Mémoires et même de très longs Mémoires, il reste beaucoup à connaître de ce personnage peu sympathique, mêlé à tant d'intrigues, auteur actif de tant de projets, personnage dont le rôle a été éminent quelques jours, très inférieur cependant à l'importance dont il n'a rien négligé pour se parer, car il a été de ces hommes qui, à force de se surfaire, en viennent à s'amoindrir.

Le *moi* est odieux, a-t-on souvent répété d'après un ingénieux écrivain, et cependant sans le *moi*, que devient le genre littéraire le plus incontestablement français? On se prend à le regretter presque à chaque page des trois volumes de Mémoires, curieux d'ailleurs, où Dumouriez, sévère pour tous les hommes politiques, hors pour lui seul, qu'il admire (1), parle si complaisamment de lui-même à la troisième personne. Il n'est pas de forme plus fatigante, sauf peut-être celle des *Économies royales* de Sully, où le grand ministre de Henri IV se fait raconter par un secrétaire ses faits, ses gestes et ses pensées.

(1) Conséquent avec cette admiration, Dumouriez mort à Turville-Park, le 14 mars 1823, avait eu bien soin de stipuler par une déclaration laissée entre les mains du recteur d'Henley que la France aurait le droit de réclamer ses restes pour leur rendre les derniers honneurs. Pendant les dernières années de sa vie, le général, exilé volontaire, recevait du duc d'Orléans des envois de brochures politiques et de consultations de médecins; mais le roi des Français et la France ont oublié de réclamer ses restes.

Il n'est donc pas sans intérêt de chercher à surprendre Dumouriez dans un de ces rares moments où il n'a pas son siècle et la postérité devant les yeux. Et encore l'abandon, le naturel ne sont certes pas le caractère le plus marqué des lettres qu'il écrivait à sa sœur pendant les cinq mois où, délivré de la Bastille, il eut encore à subir un séjour forcé, bien que très tempéré, comme les lettres retrouvées en donnent les preuves manifestes.

Louis XV avait dit : « Qu'on le mette au château de Caen ; c'est une bonne ville, et il aura la Normandie pour prison. »

Et en effet il y trouva, comme le témoignent ses lettres, bonne compagnie et appartement de plusieurs pièces dans un château spacieux, en bon air, avec un joli jardin bien planté, jardin particulier, et toute la ville, la campagne même pour se promener.

Louis XV, s'il faut en croire Dumouriez, avait les meilleures raisons du monde pour que le régime des lettres de cachet reçût dans cette circonstance de tels allégements.

Agent politique chargé plusieurs fois par le duc de Choiseul de missions délicates, tantôt absolument secrètes, tantôt mi-parties d'études ou de services militaires, Dumouriez, après la disgrâce de cet homme d'Etat, avait encore été envoyé en Suède par le marquis de Monteynard, ministre de la guerre. Ce voyage d'observations occultes, autorisé peut-être par le roi lui-même, Dumouriez du moins l'affirme, ce voyage fut brusquement interrompu à Hambourg par un véritable enlèvement sur l'ordre du ministre des affaires étrangères, le duc d'Aiguillon.

Jeté à la Bastille sous l'accusation aussi étrange que grave d'avoir formé une intrigue avec le roi de Prusse à dessein d'entraîner la France en guerre, Dumouriez était trop rompu aux intrigues réelles pour ne pas comprendre que Louis XV ne manquerait pas de le désavouer ; aussi, dans tous ses interrogatoires, subis pour la forme, se garda-t-il bien de compromettre la personne royale auprès de son ministre, qui avait lui-même un évident intérêt à ne pas pousser trop loin les conséquences de son petit coup d'Etat.

Le château de Caen était un moyen terme parfaitement approprié.

Ce n'était pas la première fois que Dumouriez touchait le sol normand.

Capitaine et chevalier de Saint-Louis dès vingt-et-un ans, le hasard
des garnisons l'avait conduit sur nos côtes où son regard investiga-
teur avait discerné l'importance de la position et le grand avenir de
Cherbourg.

Vers la même époque, un séjour prolongé à Pont-Audemer avait
eu pour principal épisode une passion profonde, satisfaite bien des
années après par un mariage de raison, et dénouée enfin par une
séparation de consentement mutuel dès longtemps désirée.

Mais laissons parler presqu'en langage familier le futur ministre,
le futur général en chef :

Le 6 mars 1774.

J'espere, ma chere sœur, que je pourray reprendre avec toy un comerce
de lettres qui fera ma consolation pendant le tems que doit encore durer
ma punition. La patience et la fermeté sont des vertus de prisonier, comme
le courage est la vertu des militaires. Le tems de ma disgrace n'est point
perdu, j'etudie, je réfléchis et j'amortis ma vivacité, j'en sortiray meilleur
que je n'y suis entré, ainsi *tout est pour le mieux*. Je benirai tous les jours
de ma vie M$^{rs}$ de Sartine (1), de Marville (2) et de Villevaux (3), cherches
toutes les ocasions de leur temoigner ma reconnaissance pour toutes les
vertus qu'ils m'ont montrées dans l'exécution des ordres du Roy. Je desire
mériter par la suite leurs bontés et leur amitié, et parvenir à leur cœur par
l'estime, et j'ose l'esperer.

Quant à M. le C$^{te}$ de Jumilhac (4), je verse des larmes en le quittant, je le
regarde comme le pere le plus tendre, j'espere me dédomager par la suite,
de cette séparation, qui m'est très sensible. Ce respectable et genereux ami
m'a forcé à prendre dans sa bourse 50 Louïs, je prie le Baron (5) d'aller

(1) Alors conseiller d'Etat et lieutenant-général de police. Il s'était montré bienveil-
lant dans les interrogatoires de Dumouriez.

(2) Conseiller d'Etat, président de la commission qui avait interrogé Dumouriez à
la Bastille. « Homme d'esprit, disent les *Mémoires* du général, mais grossier et go-
guenard. »

(3) Maître des requêtes, membre de la commission. Homme très faux et grand chi-
caneur, disent les *Mémoires*.

(4) Gouverneur de la Bastille.

(5) De Schomberg, beau-frère de Dumouriez. Saxon, mort lieutenant-général au
service de France.

chez M. le Bel, toucher de l'argent sur mon compte, en se servant de la lettre incluse, et de vouloir bien rembourser aussitôt cette dette, en lui renouvellant toutes les marques de mon tendre atachement.

J'ay les plus grandes obligations à M$^{rs}$ les Officiers de l'Etat Major, et je me sépare d'eux avec beaucoup de peine. Qui dirait qu'on peut regretter la Bastille ? Rien cependant n'est plus vrai.

En general, j'ay éprouvé une sensibilité et un intérèt si grands de toutes les personnes auxquelles j'ay eu à faire depuis ma disgrace, que ma fermeté en a été plus tranquille, et que je n'ay dans mon cœur que des sentiments de reconnaissance et pas la moindre trace d'amertume. J'ôse me flatter que j'emporte aussi les regrets des personnes que j'ay vû, il est doux d'être aimé et plaint. J'espere qu'en portant ailleurs le mème caractere, j'éprouveray les mêmes effèts, mais je connais ce que je pers.

J'attendrai patiement les volontés de M$^{r}$ le Duc d'Aiguillon. Je n'ay aucun droit à ses bontés, mais il est noble et genereux, et un jour il connaitra mon caractere, et combien je suis susceptible de fidelité et d'attachement pour mes supérieurs. Le temps amenera tout, et je compte sur son caractere, comme il pourra compter sur le mien, quand il l'aura éprouvé.

Je prie Schomberg de tirer de chez Verdet et de chez moy deux habits de chaque saison, (avec la permission des superieurs) d'en faire une malle et de me les envoyer avec mes dentelles, que je mande à l'Abesse (1) de t'adresser. Je dois à cet honnête tailleur à peu près 2000 l. Je prendray, quand je seray tranquille à Caën, les arrangements necessaires pour hàter son payement ; je suis sûr qu'il est sans inquiétude sur cette dette. Je prendray de mème des arrangements pour le loyer de mon apartement à Versailles. *Qui aime Robin, aime son chien.* J'ay un barbet noir venu de Hambourg, nommé Hambourg. Il est à l'école aux Invalides depuis six mois, à 6 l. par mois, il doit être a present fort savant, et comme ce n'est pas la cherté de l'éducation qui en fait le prix, je te prie de le faire retirer, en payant ses maîtres. Il faut pour le ravoir s'adresser à M$^{r}$ D'Hemery Inspecteur de Police, qui demeure rue Saint-Honoré à l'hôtel des Ambassadeurs ; c'est lui qui l'a mis en pension, et qui le fera retirer, ce que je te prie de faire faire au plus tòt car les mois montent. J'ay lieu de me louër infiniment du cœur et de l'esprit de M. D'Hemery, qui a été chargé de m'amener de Hambourg, ainsi fais lui passer les assurances de ma reconnaissance pour ses bons procedez.

J'écris à l'Abesse et à M$^{me}$ Dumouriez (2). Je ne te témoigne pas ma reconnaissance, tu connais mon cœur. Continues à me rendre service, comme

(1) De Fervaques, aînée des sœurs de Dumouriez.
(2) Veuve d'un oncle du général. Elle le choisit pour héritier en 1786.

tu sçais que je désire t'être utile. Il n'y a peut être encore rien de perdu.
J'ay remis à Monsieur de Sartine un Mémoire politique sur Hambourg,
pour en faire l'usage qu'il jugera à propos. J'y dévelope mes idées sur l'utilité d'y faire nommer un Commandant de l'agrement du Roy, et je rens justice à mon beau frère, en le désignant comme le plus propre à cette place
par son caractère et toutes les autres convenances.

Je suis inquiet de ta santé. J'ai été enchanté d'avoir de bonnes nouvelles de celle de tes enfants. Ménages toi, portes toi bien, et aimes un
frère qui joint la reconnaissance à tous les autres sentiments qu'il a déjà
pour toi.

Fais mes tendres et respectueux complimens à M$^e$ le Normand (1), à M. son
mari et à M$^{lle}$ sa tante. Ma santé dépend de ma tête et de mon cœur.
L'un et l'autre ont toujours été tranquilles et le seront, je l'espere, toujours.

Je vous embrasse tendrement tous les deux et vos chers enfants.

M$^r$ d'Hemery a oublié de remettre à la Bastille mes armes consistantes
en une épée damasquinée, deux couteaux de chasse et deux paires de pisto-
lets de poche, dis à Schomberg de les lui faire redemander en même tems
que le chien.

Le 28 mars 1774.

Tu verras par ma derniere lettre, ma chere sœur, que nos lettres se sont
croisées et que j'avais une grande impatience de recevoir de tes nouvelles.
Je t'ay dit une fois pour toutes que tu peux être ma Caution auprès du
Ministre respectable (2) dont j'encours la disgrace. Je compte sur la noblesse de son cœur et sur sa justice. Je suis incapable de haine et d'intrigue. Je suis attaché au Roy, à l'Etat et aux personnes qui conduisent les
affaires, lorsque l'estime publique me montre quels sont les sentimens que
je dois avoir. Je suis sûr, s'il me mêt à portée de lui prouver cette façon
de penser, qu'il jugera favorablement mon caractere et mes demarches. Je
ne murmure point sur mon sort, et je n'ose pas prétendre à sa confiance.
Le tems seul peut amener un changement favorable. L'ambition ni l'avidité
ne me feront jamais pousser un soupir, et quelque soit mon sort, je suis
assez accoutumé aux traverses pour ne pas m'en inquiéter, eussai je même
perdu tout *fors l'honneur*, comme disait François 1. — Je te remercie de tes
soins pour mon Barbet noir. S'il y avait quelqu'ocasion de l'envoyer à Caën,
cela t'en débarasserait, et il augmenterait ma société, si cela ne se trouve

(1) La baronne de Schomberg logeait à Paris, chez cette dame, vieille rue du Temple.
(2) Le duc d'Aiguillon.

pas, je te prie de le garder à ta campagne, où il déployera tous ses talents.
— J'ay comme je te l'ay déjà mandé fort bonne société dans mon chateau.
D'abord j'y ai trouvé pour habitantes M<sup>me</sup> Desmoulins et M<sup>me</sup> de Bretteville
sœurs de M. de Montamy (1), qui m'ont reçû comme une ancienne connais-
sance. Tu as reçû parfaitement M<sup>me</sup> Desmoulins à Mezieres et elle me
rend icy la pareille. Nous faisons beaucoup de reversis. J'ay d'ailleurs
un tems superbe, la plus belle position du monde et les visites fréquentes
de beaucoup de dames de la ville, qui, vanité à part, trouvent le petit
prisonier assez gay et complaisant. Je lis, je chante, je me promene,
un cap<sup>e</sup> du Rég<sup>t</sup> Dauphin homme de qualité et de bonne compagnie
nommé le C<sup>te</sup> de Sourches me donne ses matinées, les off<sup>rs</sup> de ce Reg<sup>t</sup>
viennent me voir. M<sup>me</sup> la V<sup>esse</sup> de Mathan (2) qui demeure aussi dans le
chateau est pleine de talents, aimable et jolie. Le Major chez qui je suis
en pension (3) est doux, honnête homme et fort honorable, l'abbé
De Canchy son frere v. g<sup>al</sup> et grand juge de Caën est un homme d'esprit,
gay, aimant la bonne chere. Voilà ma société et ma vie. L'aide major a
aussi une femme fort honnête, enfin tout le monde s'empresse à m'adoucir
mon sort, et j'éprouve beaucoup de politesses et de bons traitements tant de
la ville que du Chateau. — Au reste, ma chere amie, sois tranquille sur
mes finances, ton cœur mérite sûrement que je m'adresse à toi, en cas que
j'eûsse besoin de secours. Mais contentes toi de mes remercimens et des
embarras que je te cause d'ailleurs depuis sept mois. Je ne suis pas dans le
cas de t'être à charge. Je connais la noblesse de ton ame, nous sommes
accoutumés à faire bourse commune, mais tu as des enfants, un état
à soutenir, et plus de besoins que moy. Ta position m'a, je t'assure,
toujours occupé, au moins autant que la mienne, et elle m'occupe encore.

M. de Saint-Hilaire off<sup>r</sup> des cent suisses et mon ami particulier part bientôt pour aller faire son Quartier, il te portera des lettres de ma part, et tu
l'aideras dans les commissions que je luy donne. Je ne regrette, ma chere

(1) Darclais de Montamy, auteur ou fils de l'auteur du *Traité des couleurs et du
traité pratique des différentes manières de peindre*. Madame des Moulins était bien
sœur de M. de Montamy; mais Madame de Bretteville appartenait à la famille le
Coutelier de Bonnebos. C'est chez cette parente à un degré assez éloigné que Charlotte
Corday a passé le dernier mois de sa vie. (V. dans la *Revue des Deux-Mondes* la très
intéressante notice de M. Casimir Périer.

(2) Cette dame, mère du marquis de Mathan, pair de France sous la Restauration,
devait à une faveur de cour un logement au château de Caen. Son salon faisait autorité
dans la ville.

(3) **Le chevalier de Canchy, commandant du château.**

sœur que de t'être trop à charge, j'esperais que ton amitié pour moy te ferait éprouver des sensations plus douces et aurait des suites plus utiles, il n'y a rien de perdu. La pauvre petite M⁰ de Pery (1) est inconsolable, elle perd beaucoup, son mari était Brigadier, il devait être bientôt le camarade de Montchenu. Au lieu de cela elle aura bien de la peine à obtenir une pension médiocre. Au milieu de toutes ses peines, elle m'a offert sa bourse et ses soins. Elle veut me venir voir après la foire de Caën, je le désire, parce que je crains que sa douleur ne la tûe. Sa santé diminue à vûe d'œil, et elle est mere de famille. Ce voyage la dissipera. Enfin ma chere sœur tu connais ma tranquillité.

> Ev'n i more sweetly pass my careless days
> Pleas'd in the silent shade with empty praise.

J'embrasse tendrement tes enfants, ainsi que mon beau frere. Menages ta santé, voilà les beaux jours, jouïs en et répons moy. Ce commerce est bien doux.

Le 19 may 1774.

J'attends tous les jours de tes nouvelles, ma chere amie, et c'est ce qui m'a empeché de t'écrire plus tôt. Je te prie de penser que les 3 mois vont finir le 7 du mois prochain, et que tu es dans le cas de solliciter plus fortement mon rapel. Je juge d'ailleurs que le Roy à son Avenement, après les premiers soins pour les affaires les plus essentielles, va s'occuper du sort des Exilés, ainsi le moment est favorable. Fais souvenir les Ministres des espérances qu'ils m'ont données et M. de Sartine des bontés et de l'estime qu'il m'a témoigné pendant ma disgrace. Il a toujours paru prendre intérêt à mon sort, il me l'a dit, il me l'a prouvé, et je compte sur ses soins, pourvû qu'on me rapelle à son souvenir. J'attendrai pour écrire à mes superieurs que le tems indiqué pour ma détention soit passé. Ce serait une indiscretion dans ce moment cy où de plus grands Interêts ocupent necessairement toutes les personnes qui ont part à l'Administration. Toutes les nouvelles que nous recevons icy sont pleines de loüanges de notre nouveau maitre et donnent l'esperance d'un règne glorieux et juste. Je souhaite employer toute ma vie à son service et pour l'utilité de ma patrie que j'adore. Tou-

---

(1) Cette dame, cousine-germaine, et peu de mois plus tard belle-sœur de Dumouriez, avait épousé le marquis de Perry de Saint-Auvant, lieutenant-colonel du régiment de Noailles-Cavalerie au moment de son mariage.

jours résigné et toujours content, mon sort sera heureux, quel qu'il soit, en voyant la France heureuse. Après avoir vù toute l'Europe, je n'ay trouvé ni un plus beau pays, ni un peuple plus spirituel et plus sensible, et je peux dire comme Harcourt dans le siege de Calais.

Plus je vis d'étrangers, plus j'aimai ma patrie.

J'ai reçû une lettre de Bourges de M<sup>me</sup> de Bussy, et j'ay été très-sensible à son souvenir et à l'intérèt qu'elle m'a témoigné. La belle saison revient icy, le pays est riant et agréable, mais la ville se dépeuple, tout le monde va chercher la nature à la campagne, je la vois de mon chateau sans en jouïr, et je ne suis pas libre. Ce n'est que par comparaison avec la Bastille que je peux trouver mon sort moins malheureux. J'espere que je ne gémiray pas seul dans un coin, pendant que toute la France éprouvera l'heureuse influence du nouvel Astre qui se lève sur elle. Ma lettre n'est pas gaye, ma chere sœur, je m'en aperçois en l'écrivant, et je la finis plus agréablement en embrassant tes enfants et ton mari. Tu connais mon amitié et ma reconnaissance.

Le 5 juin 1774.

Il parait, ma chere sœur, par les Edits et déclarations qu'on m'a envoyé du nouveau Roy que nous avons à espérer un règne de justice et de bonheur public. Toute la Nation est enchantée du début de ce jeune Monarque qui lui devient de jour en jour plus precieux et plus respectable. Que Dieu nous benisse en luy, et lui donne une santé proportionée aux travaux qu'il entreprend avec tant de courage. La confiance ne peut pas être plus grande que je la vois dans cette province, on y lit avec transport l'Edit du joyeux avenement, et on est rassuré sur tous les Evenements qui suivent ordinairement une pareille Révolution. Jamais Règne ne s'est mieux annoncé, et jamais le peuple Français n'a montré une confiance aussi décidée dans un jeune Prince. On ne parle que de luy icy, et on en parle avec transport. Mon Exil bien loin de fermer mon cœur à la joye commune me la rend plus sensible. Je compte sur la noblesse de son âme et sur mes propres sentiments. Je ne doute pas que les Ministres, qui auront à lui rendre compte de mon sort et des raisons qui les ont décidé à m'infliger cette peine, ne le fassent avec toute la vérité et l'honnêteté qui peuvent donner au Roy des impressions favorables sur mes services et mon caractere, et j'attens avec tranquillité sa décision et leurs bons offices. Cependant l'espoir qu'on m'avait donné qu'à l'époque de trois mois je recouvrerais ma liberté me fait compter les jours avec impatience, et je n'ay plus que trois jours à attendre pour la fin de ce terme. Cependant je ne murmurerai jamais contre les ordres superieurs, je sens parfaitement que mille affaires infiniment plus importantes occupent les premiers instants de notre cher monarque, et je suis sûr que son cœur se fera violence pour laisser sa clémence suspendue. D'ailleurs je ne désire ma liberté avec tant d'ardeur que pour admirer de plus près les vertus qu'il déploye et lui offrir mon sang et le peu de talents que j'ay acquis.

Je te remercie de tes soins, je te prie de les continuer avec l'amitié et le zèle que tu m'as témoignés. J'aspire après le moment d'aller te remercier, embrasser ton mari et tes enfants et de te prouver mon amitié.

Le 25 juin 1774.

Voicy, ma chere sœur, la copie de la réponse que m'a faite Mr du Muy (1). Je suis obligé d'attendre l'arrivée de M. de Vergennes (2), qui étant un très honnête homme, impartial et plein d'esprit, est dans le cas de rendre le compte le plus équitable de mon affaire, dont il a d'ailleurs quelques connaissances par mon ami le Baron de la Houze. Il faut prendre patience, quoique le temps me paraisse doublement long, parce que je m'étais fixé un bût, et que je le vois se prolonger. J'ay le plus grand besoin et le plus grand désir d'aller chez moi, et de t'embrasser et te remercier de tous tes soins. On continue icy à me traiter avec toute l'attention et l'estime que je peux désirer. La Légion de Lorraine qui est à Falaise vient me faire beaucoup de visites. Le Cte de Viomenil (3), et le fameux M. de Choisy (4) viennent aujourd'hui me voir, ce sont mes amis particuliers, et le dernier est un heros. En un mot si j'étais libre, j'aimerais fort ces gens cy et ce pays cy qui est charmant, riche et le meilleur de toute la France. Mais quoique le chagrin ne prenne que médiocrement sur moi, que la lecture, la promenade et la conversation m'occupent, je ne peux pas m'exempter de quelques ins-

(1) Le comte du Muy, nouveau ministre de la guerre.

(2) Appelé de Stockholm au ministère des affaires étrangères.

(3) Le baron de Viomesnil avait remplacé Dumouriez dans une mission de confiance en Pologne.

(4) M. de Choisy, lieutenant-colonel de la légion de Lorraine, revenu de Pologne avec le cordon rouge de commandeur de Saint-Louis et le grade de brigadier. Les *Mémoires de Dumouriez* (t. I, p. 413) contiennent une note sur ses brillants services en Pologne

tants de noir, quand je pense à ma position, et les délais augmentent le désagrément que j'éprouve. Il faut se faire une raison, je me la fais, mais j'enrage.

Je t'ai parlé deux ou trois fois dans mes lettres précédentes de ma cousine de Broissy (1), et tu ne m'as jamais répondu sur cet article. Elle vient de partir pour le Pontaudemer pour rejoindre sa mere, parce qu'on vient de cloitrer le couvent où elle demeurait, et qu'on a renvoyé toutes les Pensionnaires. Son absence met un grand vuide dans ma société, elle est totalement rétablie d'une grave maladie qu'elle a eu pendant mon séjour icy, et quoique changée de figure, elle a un caractère et un esprit qui la rendent digne de l'amitié de ceux qui la connaissent.

Donnes moi des nouvelles de l'inoculation du Roy, elle donne une inquiétude generale que je partage bien sincerement. L'Abesse, de qui j'ay souvent des nouvelles, est enchantée de tous les soins que tu te donnes pour moy, et me mande qu'elle t'attend avec impatience. Portes toi bien, ma chere sœur, ainsi que ton mari et tes enfants. Aimes toujours ton petit frere qui t'aime bien, et écris lui de tems en tems.

COPIE DE LA LETTRE DE M. LE C<sup>te</sup> DU MUY, DU 19 JUIN.

Je vous remercie, Monsieur, du compliment que vous voulez bien me faire sur la grace dont le Roy m'a honoré. Je désire fort pouvoir contribuer à vous procurer la liberté, mais comme toute l'affaire qui a occasioné votre détention a été traitée par le Ministre des Aff<sup>res</sup> Etr<sup>res</sup> vous sentès que je ne puis m'en occuper que de concert avec luy, et que je dois attendre qu'il soit en état d'en rendre compte au Roy. Je suis très parf<sup>t</sup>, M<sup>r</sup>, votre tres humble et tres obeissant serviteur,

Du Muy.

Le 1<sup>er</sup> juillet 1774.

Je repons à deux de tes lettres à la fois, ma chere sœur, parce que je les reçois en même tems à cause d'une petite absence que j'ay faite dans le voisinage. Ta seconde me dispense de repondre à la premiere, parce que celle que tu recevras de moy avec copie de celle de M<sup>r</sup> du Muy te fera juger que je n'ay pas pû partager ta fausse espérance. Je t'assure que mon cœur

---

(1) Cousine-germaine de Dumouriez et objet de la violente passion qui, dans sa première jeunesse, l'avait longtemps retenu à Pont-Audemer. Après une séparation de plus de douze ans, il venait de la retrouver pensionnaire dans un couvent de Caen, dangereusement malade et déchue de sa beauté.

ressent tout ce que le tien te fait faire et j'aurai bien du plaisir à te le prouver en t'embrassant. Ton Mémoire est charmant, on ne peut pas y mettre plus de sentiment, de noblesse et de force, je t'assure que je ne l'aurais pas fait aussi bien, parce qu'il est des choses que tu pouvais mettre et que je n'aurais pas pû employer. Je ne t'en remercie donc pas, puisque tu me le défens, mais permets moi d'en être très content. Je n'ay au reste pas eu d'inquiétudes sur ta maniere de presenter mon affaire, je t'ay seulement prévenue de te rapeller en le faisant la seule lettre particuliere que j'eûsse pû hazarder de t'écrire par voye sûre, parce qu'elle t'éclairait suffisamment sur le fond de mon Affaire, et sur la maniere dont je l'avais conduite. J'ay cherché à allier pendant ma disgrace beaucoup de fermeté avec beaucoup de patience, je n'y ay point mis de partialité ni de personalité, pas même dans mes défenses, quoique j'aye été obligé, lorsqu'on m'a poussé de questions, lorsqu'on a analysé ma correspondance, et qu'on a voulu m'accuser d'avoir blamé la conduite et l'administration du feu Roy, j'ay été obligé, dis-je, à faire une distinction facheuse pour le Ministre, à détailler les fautes grossieres sur lesquelles portait mon blame, et à attaquer à mon tour, et faire retomber sur lui les soupçons d'intrigues et de mauvais procédés, jusqu'alors il n'y avait pas eû d'inimitié exprimée, au moins de mon côté. Je n'avais ni agi ni parlé contre lui, il m'avait fait arréter avec scandale en Pays Etranger, on avait trouvé dans mes papiers des lettres de gens qui ne l'aimaient pas, mais on n'a rien trouvé de pareil dans les miens. Au contraire, tout en blamant sa conduite, j'avertissais mon Ministre de ne pas entrer dans les cabales dont je recevais les avis par d'autres voyes et de ne pas se joindre aux ennemis de cet homme, dont je regardais le pouvoir et la gloire comme précaires et d'un court passage. Je n'ai pû regarder mon emprisonnement que comme un coup monté rejaillissant sur d'autres personnages, et comme un abus d'autorité. Il n'arrivera rien de pareil sous ce Règne cy avec des Ministres honnètes gens et respectables comme ceux-cy. On ne distribuera plus les lettres de cachêt avec autant de legereté, et les citoyens honnêtes pourront marcher tête levée sans craindre les intriguans et les fripons. C'est cette premiere réforme qui amenera la gloire et le bonheur de notre Nation, à laquelle il n'a manqué qu'une bonne Administration pour être la plus heureuse et la plus brillante de l'Europe. — J'ay écrit à M. du Muy pour le prier de ne pas m'oublier à l'arrivée de M. de Vergennes, j'ay une lettre toute prête pour le Ministre qui malheureusement n'est attendu qu'au mois d'Aout, ce qui prolonge ma captivité. J'y joindrai un Mémoire sur le Comerce de Hambourg que j'avais fait à la Bastille, et que M. de Sartines avait jugé devoir donner au Duc d'A..... (1).

(1) D'Aiguillon

Quoique ce Mémoire soit sans intérêt j'y parle encore de la Négociation entamée pour la place de Commandant, et j'apuys sur les motifs qui avaient engagé le feu Roy à aprouver cette demande. Cette Affaire n'est que suspendue, on pourra la reprendre, et j'en indiquerai les moyens, si cela convient à M. de Vergennes, ce dont je ne doute nullement. Je sçais que je suis connu et estimé de ce Ministre, les principes qui m'ont attiré une disgrace sont cause de sa fortune, et il joint de grandes lumières à beaucoup de probité. Ainsi nous nous occuperons ensemble et avec lui de cette Affaire dès que je serai libre, ce qui ne tardera pas après son arrivée. J'ay de plus Leguay et S$^t$ Didier qui sont ses amis intimes, qui savent l'un et l'autre à peu près quelle est mon Affaire, et qui m'ont offert ainsi que Bournonville p$^r$ commis des Suisses de lui parler fortement, ce dernier a été son secretaire et est resté son ami. En tout j'ay conservé la plus grande tranquillité sur mon sort, même à la Bastille, juges si je le suis à présent que je n'ai plus d'ennemis puissants. Je t'assure même qu'il ne me reste pas le moindre fiel, que je plains et méprise les malhonnétes gens qu'un nouveau Règne a pû rendre malheureux, que je n'exprime aucun sentiment sur leur compte et que j'oublie parfaitement tout ce qu'on m'a fait de mal. La haine est un sentiment trop facheux et qui pescrait trop à mon cœur. L'amitié, la reconnaissance, le désir de devenir un citoyen utile et vertueux rempliront de plus en plus tout le cours de ma vie, que je consacre toute entiere à ma patrie, à mes parents et à mes amis.

Mais à propos il me vient une idée. M. Bertin remplit par Interim le Ministere des Aff. Etr. J'écris au C$^{te}$ de Jumilhac, ne pourrais tu pas lui donner un Mémoire, lui faire parler par M$^{rs}$ de Sartines et de Marville, l'engager à s'aboucher avec M. du Muy et finir ainsi mon affaire avant le mois d'Août. Réflechis sur cette idée, car mon séjour icy devient cher et ennuyeux, tout le monde est à la campagne, ma cousine est partie, et cette charmante ville de Caën, l'été n'est plus qu'une solitude. Fais ce que tu pourras à ce sujet. Le plus tôt sera le mieux. Donnes moi aussi des nouvelles de la santé du Roy, on le dit tout à fait bien, et hors d'affaire, je t'avoüe que j'ai éprouvé les plus grandes inquiétudes qui augmentaient encore mon chagrin. Adieu, ma chere sœur, je t'embrasse encore de tout mon cœur ainsi que mon beau frere et tes enfants. Je voudrais bien tenir Xavier entre mes bras. La suite te prouvera ma tendre amitié, et les services mutuels en seront les fruits. Si j'avais à demander un adoucissement, ce serait la liberté de pouvoir me promener dans toute la province, mais ce serait une demie grace, il n'en est pas question, n'usons point le crédit pour de petites choses, allons au fait. Si après l'arrivée de M. de Vergennes mes affaires trainaient en longueur je demanderais la ville pour prison, car l'hiver je creverais dans ce chateau, l'air y est trop vif pour mes blessures.

Le 6 juillet 1774.

Madame la comtesse de Vandœuvre (1) que ses affaires conduisent à Paris se charge de cette lettre qui te sera remise par son mari. Ce sont des gens très aimables de qui j'ay été parfaitement reçù icy et avec lesquels j'ay lié amitié. Si tu te trouves à Paris je te prie de leur rendre une partie des honnètetés que j'ai reçù d'eux. Ils sont riches et de la meilleure noblesse de Caën.

J'ay écrit au comte du Muy à qui j'ai envoyé à cachet volant une lettre pour M. Bertin, en cas qu'il veuille bien se servir du nouveau moyen que je lui propose pour accelerer ma liberté. M. de Vergennes est malade à Stockholm, il a une jambe ouverte depuis plus de dix mois, et il ne peut venir que lentement. Ceci commence à m'ennuyer et à devenir fort cher. J'ay écrit en conséquence de même à M. de Sartines, écris de ton côté à M. du Muy, s'il est disposé à prendre ce moyen, il faut profiter du moment, parce que le Roy a été instruit de mon affaire avantageusement par M. de Sartines, et que plus tard il l'aura oubliée. J'ay écrit aussi à ce sujet à M. de Jumilhac, mande moi au plustôt ce que décide M. du Muy. Je t'embrasse en courant ainsi que ton mari et tes enfants. On parle icy de la rentrée des Parlements. Je n'ay qué le temps de t'écrire ce mòt.

Le 29 juillet.

Ta lettre, ma chere sœur, me donne des esperances très prochaines. J'ay toute confiance dans la justice de M. le C^le de Vergennes, il jugera facilement que toute cette affaire n'est qu'une personnalité. Je suis bien aise que tu l'ayes averti sur le compte que le premier Commis a pù lui rendre, outre que j'ay des raisons particulieres pour craindre tous les sommaires qu'on peut faire, il n'y a qu'une marche à suivre c'est de se faire representer mon Interrogatoire, ainsi que j'ai eu l'honneur de le luy mander et de se faire éclaircir du surplus par M^rs les Commissaires, qui seuls peuvent en rendre un compte exact et impartial. M. le Duc de la Vr... (2) ferait tort à sa délicatesse en cherchant à en être le raporteur 1° à titre de parent de M. le Duc d'A... 2° parce qu'il peut avoir un sujet particulier de prévention contre moi, sur ce que j'ay recusé tous les Ministres, et que j'ay exigé de M^rs les Commissaires sous leur parole d'honneur que tous mes interrogatoires

(1) Leforestier de Vendeuvre.
(2) De la Vrilhère.

iraient directement au feu Roy sans passer par aucun intermédiaire. En lisant ces Pieces, surtout les deux dernieres, M. le C^te de Vergennes verra lui même très clairement que M. Gerard (1) ne peut pas lui rendre un compte impartial. Ne laissés pas ignorer ces circonstances à ce respectable Ministre, et informes toi s'il a reçù *directement* la lettre que j'ay eû l'honneur de lui adresser sous double envelope. Insistes auprès de lui sur la lecture de mes Interrogatoires que je désire qui soyent remis en ses mains avant que l'Affaire soit raportée au Conseil, quand même cela devrait retarder l'époque de ma liberté, parce qu'alors il ne restera plus aucun doute ni aucune des impressions facheuses que les raports indirects peuvent faire naitre contre un homme puni, éloigné, et hors d'état par conséquent de répondre aux objections malignes et aux raports infidèles. Si on vient à bout de suprimer mes Interrogatoires, ou de les lui cacher, le précis qu'on en fera ne me sera sûrement pas favorable. Je le prie en ce cas d'être en garde contre le compte qui lui en sera rendu, parce que l'empressement qu'on peut montrer à lui enlever la connaissance et le raport d'une affaire de son Département prouve qu'on craint que ces pieces ne soyent lûes et examinées au Conseil, et c'est cependant pour cela qu'elles ont été faites, et que j'ay fait ma récusation des Ministres précédens.

Tu juges, ma chere amie, combien tout ceci est de conséquence pour mon honneur et ma fortune, je te prie de faire passer sur le champ à M. de Vergennes mes observations et de lui envoyer l'Extrait de ma lettre en l'assurant de mon respect. Accuses moi aussi la réception de cette lettre. Je t'embrasse ainsi que le Baron et tes enfants.

Le 2 août 1774.

Je suis libre, chere sœur, je sçais tout ce que je te dois à ce sujet. Je pars d'icy après demain passant par le Pontaudemer et Rouën. J'iray de là te sauter au col ainsi qu'à Schomberg et tes enfans. J'espere que j'aurai ocasion de te témoigner ma reconnaissance et je commencerai bientôt à t'en donner des preuves si M. de Vergennes adopte un Mémoire sur Hambourg que j'ai fait à la Bastille, que M. de Sartines a aprouvé et donné au Ministère, et dans lequel je déduis l'avantage de la proposition qui regardait ton mari. Je le lui adresse en signe de reconnaissance et sans aucun intérét personnel. Il connait bien tout ce que j'y propose, ayant été employé dans le Nord. Je t'embrasse. Nous avons beaucoup à causer ensemble. Aimes toujours ton petit frère qui t'aime de tout son cœur.

Il est probable que tu seras partie pour Compiegne à mon arrivée. J'irai tout de suite où tu seras.

(1) Gérard de Rayneval, premier commis des affaires étrangères.

Le 4 août 1774.

Je pars dans le moment pour le Pontaudemer, ma chere sœur, d'où je me rendrai incessamment à Paris par Rouën. Je dois cette attention à toutes les offres de service de ma tante (1) et de M^me de Pery et plus encore à l'ancienne et tendre amitié qui existe entre Broissy et moy, et qu'elle mérite par les qualités les plus estimables. Dès que j'aurai rempli ce devoir qui ne sera pas long, j'irai te joindre à Paris si tu y es, ou à Corbeville (2), pour partir de là pour Compiegne et S^t Quentin où je dois être du 15 au 20. Je te crois partie pour ce pays là, où nous aurons le plaisir de nous voir réunis après une aussi longue séparation qui t'a donné bien des peines et qui a exercé ton bon cœur et ton esprit solide et fertile. Je ne peux pas t'exprimer combien je ressens tous les services que tu m'as rendu et la vivacité et la noblesse de tes procédés. La suite de notre vie nous fournira plus d'une ocasion reciproque de nous prouver notre amitié. Je ne te parle pas de reconnaissance, tu ne veux pas de ce mot. Blondin qui te portera cette lettre n'arrivera sûrement qu'après moi, mais s'il arrivait avant reçois cette preuve de plus de mon attachement ainsi que le Baron que je brûle d'embrasser et de caresser tes enfants. Si tu es partie, j'iray à Corbeville les voir en passant. Portes toi bien, chere sœur, et continues à aimer ton petit frère et ton ami.

Là se termine, avec son séjour forcé à Caen, la correspondance intime de Dumouriez à la fin du règne de Louis XV.

Intime est-il bien le mot propre ? Dans ces lettres d'un frère à sa sœur, dans les premières surtout, ne perce-t-il pas un sentiment de contrainte ?

Soit défaut de foi dans le secret de la poste, soit système de n'écrire que des phrases ostensibles au besoin, l'effusion de l'écrivain est toujours sur ses gardes. Il faut aussi, dans une certaine mesure, tenir compte d'une habitude invétérée de ces notes chiffrées dont vit la diplomatie occulte.

Mais quand surgit, à l'avénement de Louis XVI, l'espoir d'une liberté prochaine, comme le style de l'agent désavoué, comme les jugements sur les personnes tombées à leur tour en disgrâce chan-

(1) Marie-Anne du Mouriez, tante paternelle du général, mère de M^me de Perry et de M^lle de Broissy.

(2) Maison de campagne du baron de Schomberg, près Longjumeau

gent pour se rapprocher du ton que prendront, un demi-siècle plus tard, les Mémoires de l'homme qui aura passé par les plus grandes charges de l'Etat et les plus vives épreuves de la vie publique ! Comme se réveille l'esprit de l'infatigable auteur de projets prompt à inonder de plans et de demandes les bureaux des ministères !

Le 13 septembre 1774, Dumouriez était de retour en Normandie. Les archives municipales de Pont-Audemer ont conservé à cette date son acte de mariage qu'a reproduit M. Alfred Canel dans une curieuse notice publiée en 1851 sur Baptiste Renard, valet de chambre du général.

Colonel à la suite de la légion de Lorraine, Dumouriez épousait Marie-Marguerite de Broissy, fille de feu François-Estienne de Fontenay et de Marie-Anne du Mouriez du Périer, veuve en secondes noces de Léonord Legris de la Potterie, lieutenant général civil et criminel au bailliage de Pont-Audemer. Dans les *Mémoires* de Dumouriez, sa tante paternelle et belle-mère est désignée comme marquise de Belloy. Le mariage fut célébré en l'église Saint-Ouen, par P. J. fr. am. Perchehaye, prieur des Carmes de Pont-Audemer, en présence de l'abbé Le Lièvre, curé de la paroisse ; de Jacq. de Baillehache, chevau-léger de la garde ordinaire du Roi ; de Maurice Tiphagne, sacristain, et de J. M. Turgis.

Dumouriez avait pris du goût pour la Normandie, *pays charmant, riche et le meilleur de toute la France*, disait sa lettre du 25 juin. Il revint bientôt l'habiter, se retirant pour quelque temps à la campagne, à trois lieues de Rouen. Telles sont, du moins, les indications données par les *Mémoires*. Il paraît que ce lieu de séjour, beaucoup moins champêtre et plus éloigné de la ville capitale de la province, était aux Andelis. C'est là un petit problème d'histoire locale que va élucider, avec toute l'autorité de ses infatigables recherches, M. Brossard de Ruville, l'historien de cette ville et de ses dépendances.

Il était réservé à Dumouriez de se rattacher à la Normandie par le plus réel service qu'il ait rendu à la chose publique. Les précieux documents que réunit M. Hippeau, sous les auspices des conseils

généraux de nos cinq départements, et sous ce titre : *Le Gouverne-
ment de la Normandie au* XVII<sup>e</sup> *et au* XVIII<sup>e</sup> *siècles*, contiennent, avec
un savant Mémoire, vingt-six lettres d'un véritable intérêt qui témoi-
gnent d'une honorable part à l'idée première si éminemment nationale
et à la réalisation des grands travaux de Cherbourg.

A ces divers titres, n'était-il pas convenable de sauver de l'oubli ces
quelques feuillets, plus authentiques que des Mémoires, et de leur
donner asile dans un Recueil où une juste place est acquise aux
archives curieuses de notre histoire normande ?

Marquis de BLOSSEVILLE.

Rouen.—Imp. E. CAGNIARD.